아이작 뉴턴,
운동의 법칙을 밝히다

아이작 뉴턴
운동의 법칙을 밝히다

박주미 글 | 이은주 그림 | 고준태 감수

천개의바람

차례

1장 뉴턴 실험실로 간 야구 소년 …6

홈런왕을 꿈꾸는 8번 타자 …8
엄마의 반격 …12
뉴턴의 실험실에 들어가다 …17
뉴턴의 어린 시절 …21

2장 오늘의 실험실은 운동장 …28

사과는 어디로 떨어질까? …30
엄마의 잔소리 …38
지구는 물체를 끌어당긴다 …40
중력은 모든 야구공에게 평등하다 …46

3장 뉴턴, 운동의 법칙을 찾다 ⋯50

물체의 움직임에는 법칙이 있다 ⋯52
관성의 법칙 ⋯56
가속도의 법칙 ⋯66
작용과 반작용의 법칙 ⋯74
운동의 법칙, 야구의 법칙 ⋯80

4장 야구장에서 만난 뉴턴 ⋯84

빛은 무슨 색일까? ⋯86
마지막 수업 ⋯94
나의 첫 2루타 ⋯102

똑똑 공부 여러 가지 힘 ⋯109

홈런왕을 꿈꾸는 8번 타자

 어, 어, 어, 넘어갔다! 관중들도 반원을 그리며 날아가는 공을 눈길로 쫓았다. 나는 두 손을 번쩍 들고 내달렸다. 1루 베이스를 밟고 2루 베이스를 지나 3루 베이스를 거쳐 두 발을 모아 쾅 하고 힘껏 홈을 밟았다. 홈런을 치고 베이스를 도는 기분이란! 잡힐까 봐 조마조마한 마음으로 내달리지 않아도 된다. 나만의 야구장인 것처럼 여유를 누리며 마음껏 뛰었다. 우리 팀 선수들이 반기고 있는 더그아웃으로 향해 가려는데 심판이 목덜미를 홱 잡았다.
 "이 녀석아, 뭐 하는 거야? 파울이잖아!"

아, 꿈이었구나…….

나는 오늘도 홈런을 치는 꿈을 꾸었다. 심판만 나오지 않았더라면 기분이 훨씬 좋았을 텐데 아쉽다. 더그아웃에서 우리 팀 선수들과 짝, 짝 하이파이브를 했더라면! 형들이 내 엉덩이를 툭툭 두드려 주는 장면까지 나왔더라면! 그랬다면 정말 완벽한 꿈인데 말이다.

어쩐지 오늘 연습 시합도 별 볼일 없을 것 같다.

그렇다. 나는 꿈에서만 홈런을 치는, 그렇고 그런 타자다. 8번 타자.

블루베어 어린이 야구팀에 들어온 지 거의 1년이 다 되어 가지만 연습 때는 만날 코치님께 혼이 나기 일쑤이다. 한 달에 한 번 다른 팀과의 대결에서도 홈런은커녕 안타를 친 적도 손에 꼽을 정도이다.

블루베어 어린이 야구팀에 들어오려고 1년이 넘도록 엄마를 졸랐다.

"엄마, 야구팀에 들어가도 공부는 제대로 할게요."

"엄마, 야구팀에 들어가면 용돈 더 깎아도 돼요."

"엄마, 야구팀에 들어가면 기동이랑 안 싸우고 많이 놀아

줄게요."

"엄마, 야구팀에 들어가면 게임 시간도 줄일게요."

엄마에게 열 가지도 넘는 약속을 하고서 간신히 야구팀에 들어왔는데, 실력이 팍팍 늘지를 않는다.

엄마도 어떤 때는 참 얄밉다. 위로는커녕 꼴 좋다는 투로 바라볼 때가 많다.

"훈동아, 실력도 안 느는데 날마다 땀만 뻘뻘 흘리고 그게 무슨 고생이니? 엄마나 아빠나 운동 신경 둔한 거 너도 알잖아. 네가 돌연변이가 아닌 이상 특출한 운동 신경을 타고났을 리가 없잖아."

쳇, 두고 보라지! 나는 꼭 엄마에게 야구 잘하는 모습을 보여 주겠다고 마음 먹었다. 그래서 지난달 내내 수학 학원을 빠지고 야구 연습을 하러 갔다. 결국 엄마에게 들통이 나고 말았지만 말이다.

엄마의 반격

"김, 훈, 동!!!"

학원에 빠진 걸 들킨 날, 엄마는 집이 떠나가도록 소리를 질렀다. 그리고 당장 야구를 그만두라며 한 시간이 넘도록 이야기를 했다.

요약하자면, 첫째, 공부를 소홀히 한단다. 맞는 말이다. 공부보다 야구가 훨씬 재미있으니 그럴 수밖에.

둘째, 야구 때문에 키가 자라지 않는단다. 이것도 맞는 말 같다. 거의 날마다 운동을 나가서 그런지, 살도 붙지 않고 키도 거의 자라지 않았다.

셋째, 중간에 포기하거나 실력이 뛰어나지 않으면 나중

에 진로를 정하기 힘들다고 한다. 사실 이것도 맞는 말 같긴 하지만, 이런 걱정을 하기에는 너무 이른 것 같다.

넷째, 엄마도 시합에 올 때가 있는데, 내가 안타 하나 치지 못하고 풀이 죽어 있는 모습이 안타깝단다. 나도 기분이 좋은 건 아니지만 더 잘할 때가 올 것이라고 믿고 더 노력하면 되니, 꼭 힘든 일만도 아니다.

나는 내가 왜 야구를 그만둘 수 없는지 이야기를 했다.

"엄마, 나는 야구가 좋아요. 야구부가 있는 중학교에 들어가면 좋겠지만 그러지 않아도 돼요. 높은 연봉을 받고 프로 구단에 들어가면 좋겠지만 그게 아니어도 상관없어요. 홈런을 뻥뻥 치는 홈런 타자가 아니어도 좋아요. 타자들이 벌벌 떨 정도로 빠른 공을 던지는 투수가 아니어도 괜찮아요. 난 그냥 야구가 좋아요."

엄마가 조금은 누그러진 목소리로 물었다.

"훈동아, 그러니까 야구가 왜 그냥 좋은데?"

나는 천천히 생각나는 대로 말했다.

"엄마 있잖아요, 타석에 서면 기분이 좋아요. 잠깐이지만 내가 세상의 주인공이 된 것 같아요. 투수도 나만 생각하고, 야수들도 내 방망이만 보고 있어요. 안타를 못 쳐도 홈런을 못 쳐도 전 정말 괜찮아요. 내가 방망이로 공을 때리고, 날아오는 공을 야수들이 잡아 던지고, 주자들은 뛰고……. 그 모든 과정이 너무너무 재미있거든요. 야구를 할 때면 얼마나 행복한지 몰라요. 엄마, 조금만 더 지켜봐 주시면 안 돼요?"

동생 기동이도 내가 안돼 보였는지 엄마 옷을 잡아당기며 말했다.

"엄마, 형아 그냥 야구 하게 해 줘. 응?"

한참을 아무 말 없이 듣고만 있던 엄마가 말했다.

"좋아, 그럼 이번 학기까지만 더 해 봐. 그 대신 네 성장이 너무 더디거나 엄마가 하라고 한 공부 소홀히 하면 그땐 정말 그만두는 거야. 알았지?"

그러면서 엄마는 부랴부랴 방과 후 수업 하나를 더 신청하자고 했다. 엄마는 수학을 시키고 싶어 했지만 수학 수업은 남은 자리가 없었다. 엄마는 아쉬운 대로 자리가 남은 과학 수업 하나를 신청하자고 했다.

"훈동아, 너 과학도 어려워하잖아. 수학은 엄마나 아빠가 봐줄 테니까 과학 수업 듣자. 그날은 야구 연습 빠져야 해."

그렇게 해서 '영재 과학B_뉴턴의 실험실'이라는 방과 후 수업을 듣게 된 것이다.

뉴턴의 실험실에 들어가다

오늘이 '뉴턴의 실험실' 첫 수업이다. 지금쯤 블루베어 친구들은 신나게 캐치볼을 하고 있을 텐데 난 따분한 과학 수업이라니!

교실 문을 열자 아이들 아홉 명이 띄엄띄엄하게 앉아 있었다.

나는 빈자리를 찾아 앉았다. 야구공을 꺼내 한 손으로 뱅글뱅글 돌리기도 하고 공을 던지는 시늉도 해 보았다.

그때 교실 문이 열리며 선생님이 들어오셨다. 우아, 학교와 학원을 다니면서 이토록 독특한 외모의 선생님은 처음이다! 곱슬머리인지 파마머리인지, 구불구불 말려 있는 머리카락이 어깨까지 닿아 있었다. 비쩍 마른 몸에 뾰족하고 높은 코와 새하얀 얼굴색이 마치 만화 영화에 나오는 과학자 같았다.

"얘들아, 안녕."

선생님이 첫인사를 건네고는 수줍은 듯 교탁으로 눈길을 떨구었다. 그러고는 다시 고개를 들어 우리를 바라보며 말했다.

"너희들 혹시 '아이삭 뉴턴'이라는 과학자 들어 본 적 있니? 운명인지 선생님 이름도 그 과학자랑 비슷하단다. 선생님은 '김이삭'이거든. 후훗."

선생님은 이름을 말하고는 뭐가 그리 부끄러운지 얼굴이 빨개졌다.

'뉴턴'이라는 이름을 들어 본 적은 있다. 아마 위인 전집에서 본 것 같은데, 내용은 잘 생각나지 않았다.

그때 내 손에 들려 있던 야구공이 교실 바닥으로 쿵 하고 떨어졌다. 선생님과 친구들이 모두 내 공을 바라보았다. 공은 데구루루 굴러 선생님 앞까지 갔다. 선생님이 야구공을 집어 들고는 말했다.

"자, 공은 왜 떨어질까? 떨어진 공은 왜 구르다 멈출까?"
 아니, 공이 왜 떨어지냐니? 아래로 떨어뜨렸으니 떨어진 거지, 다른 이유가 있나? 우리는 모두 어리둥절한 표정을 지었다.
 "뉴턴은 말이야, 공이 왜 떨어지는지를 과학적으로 밝혀낸 과학자란다."

쳇, 과학자가 할 일도 되게 없었나 보다. 물체를 던지면 떨어진다는 건 한 살 먹은 아이도 알걸? 며칠 전 이모의 한 살짜리 딸 서주가 밥을 먹다 숟가락을 일부러 떨어뜨리고는 재미있어 하는 걸 내 두 눈으로 똑똑히 봤다. 그렇게 당연한 걸 뭘 새삼스레 밝혔다는 거지?

나는 어느새 팔짱을 끼고 수업을 듣고 있었다. 얼른 캐치볼을 하러 가고 싶었다. 내가 던진 공이 부드럽게 날아가는 모습을 보는 게 얼마나 좋은지……. 공이 글러브에 들어올 때 나는 "퍽!" 소리는 또 얼마나 좋은지! 방과 후 교실에 앉아 있자니 벌써부터 야구가 그리워졌다.

뉴턴의 어린 시절

선생님은 우리가 지루해 하고 있다는 것을 아는지 모르는지 조용조용한 목소리로 뉴턴의 이야기를 이어 갔다.

"뉴턴은 우리보다 훨씬 전에 태어나 살았던 과학자야. 뉴턴이 몇 년도에 태어났는지 가장 가까운 숫자를 말하는 사람에게는 선물을 하나 줄게."

선생님의 질문에 아이들이 처음으로 웃는 얼굴을 보이며 조심스럽게 대답을 했다.

선생님은 첫 줄에 앉아 있는 아이들부터 차례차례 말하게 했다. 그리고 아이들이 말한 숫자를 칠판에 적었다.

"음, 1988년이요?"

"352년이요."

"1080년이요."

"1500년이요."

아홉 명의 친구들이 모두 대답을 하고 마지막으로 내 차례가 되었다. 나는 칠판에 적힌 숫자들을 보며 겹치지 않는 숫자를 하나 대충 말했다.

"1650년이요."

내가 대답을 하자 선생님의 입꼬리가 살짝 올라갔다. 선생님은 내가 말한 숫자에 동그라미를 그리더니 박수를 치며 말했다.

"과학자 뉴턴은 1642년에 태어났어. 1650년을 말한 친구, 이름이 뭐지?"

"김훈동이요."

별일도 아닌 것 같은데 갑자기 주목을 받자 얼굴이 확 달아올랐다.

선생님이 작은 종이 상자를 들고 내 앞으로 오더니 상자 속에서 유리로 된 삼각기둥 모양의 물체를 꺼내어 책상에 올려놓았다.

"훈동아, 선물이다. 뉴턴도 좋아했던 프리즘이란다."

나는 작은 목소리로 감사하다는 인사를 하고 프리즘을 살살 만져 보았다. 단단하고 매끈하고 각이 져 있는 게 야구공을 잡을 때와는 아주 다른 느낌이었다.

선생님은 다시 앞으로 가 모니터에 뉴턴의 얼굴 사진을 띄웠다.

"헉!"

나를 비롯한 친구들이 모두 입을 떡 벌렸다. 김이삭 선생님의 모습과 뉴턴의 모습이 너무도 비슷했기 때문이다. 선생님은 아이들의 반응을 짐작이라도 한 듯 하하 웃었다.

"너희들, 영광인 줄 알아야 해. 외모도 이름도 뉴턴과 닮은 선생님과 공부한다는 사실을 말이야."

그러더니 처음보다 한층 높아진 목소리로 뉴턴의 어린 시절에 대해 이야기하기 시작했다.

"뉴턴은 영국의 한 시골 마을에서 태어났어. 유명한 과학자라 하니, 어릴 때부터 엄청 똑똑하고 부모님이 열성적으로 교육을 시켰을 것 같지? 하지만 전혀 아니야. 뉴턴은 부모님과 함께 살지도 못했고 외톨이였어."

뉴턴이 외톨이였다고? 왠지 조금씩 흥미가 생겼다.

"뉴턴은 가난한 농부의 집안에서 태어났어. 뉴턴이 태어나기도 전에 아버지는 돌아가셨고 어머니는 여덟 달 만에 뉴턴을 낳았지. 열 달 동안 엄마 배 속에 있어야 하는데 두 달이나 먼저 나온 거야. 그래서 뉴턴이 갓 태어났을 때 찻주전자에 들어갈 만큼 작았다는 이야기가 있단다."

아, 이런! 뉴턴 이야기가 자꾸 나를 끌어당긴다. 나도 열 달을 채우지 못하고 태어나 인큐베이터에 있었다는 이야기를 귀에 못이 박히도록 들었던 터다. 나야 전혀 기억하지 못하지만 엄마는 그 이야기를 할 때마다 눈물을 글썽인다.

선생님은 뉴턴의 어린 시절 이야기를 계속 이어 갔다.

"뉴턴의 어머니는 어린 뉴턴을 외할머니에게 맡기고 나이 많은 목사와 결혼을 했어. 뉴턴이 열네 살이 되었을 때 어머니가 다시 집으로 돌아왔지. 목사가 죽으면서 많은 돈을 남겼지만 어머니는 뉴턴에게 공부를 시키고 싶어 하지 않았다는구나. 농장 일을 배워서 재산을 더 불려 주기를 바랐다고 해. 하지만 뉴턴의 고집을 꺾지 못했고 결국 뉴턴은 케임브리지 대학에 가게 되었어."

선생님은 뉴턴의 어린 시절 이야기를 조금 더 들려주었다. 특히 외톨이로 지내던 뉴턴이 친구와 몸싸움을 한 뒤 공부를 열심히 하기 시작했다는 이야기가 우리들 모두의 흥미를 끌었다. 수업이 시작될 때는 언제 끝나나 하고 시계만 보고 있었는데, 생각보다 수업은 금세 끝이 났다. 선생님이 책을 덮으며 말했다.

"첫 수업 어땠는지 모르겠구나. 여기서 한 명이라도 수업 취소하면 폐강인 거 알지? 하하, 뉴턴이 고리타분한 사람이긴 했어도 재미난 발견을 많이 했거든. 어떤 재미난 발견들을 했는지 궁금하지 않니? 그럼 다음 주에 또 만나자!"

수업이 끝나자마자 나는 친구들이 캐치볼을 하고 있는 곳으로 부리나케 달려갔다. 캐치볼을 하는 중간중간 수업이 폐강이 되면 좋겠다, 안 되면 좋겠다 하고 마음이 오락가락했다.

 호기심 많은 외로운 소년, 뉴턴

어린 시절 어머니와 떨어져 살아야 했던 뉴턴은 어머니를 몹시 그리워했어요. 그러면서도 어머니와 목사가 사는 집이 불에 타 버리면 좋겠다고 생각할 만큼 어머니를 미워하기도 했지요. 뉴턴은 외로움과 분노를 관찰과 실험으로 이겨 냈는지도 몰라요.

뉴턴은 외할머니가 날마다 닭에게 물을 주는 것을 귀찮아 하는 것을 보게 되었어요. 그래서 커다란 양동이에 작은 구멍을 뚫었어요. 양동이에 물을 가득 붓고 작은 구멍 아래에 그릇을 놓아 그 그릇으로 물이 뚝뚝 떨어지도록 했지요. 또 뉴턴은 양동이에 눈금을 그어 놓고 물이 떨어지는 양을 가늠해서 시간을 재기도 했어요.

뉴턴은 학교에 들어간 뒤에도 친구들과 어울리는 대신 혼자서 자연 현상과 사물들을 유심히 관찰하며 호기심을 품었어요. 이러한 호기심은 다양한 발명품을 탄생시켰지요. 뉴턴은 그림자를 이용해서 해시계를 만들고 풍차도 만들었답니다.

2장
오늘의 실험실은 운동장

사과는 어디로 떨어질까?

방과 후 수업은 폐강되지 않고 계속 이어졌다. 수업이 취소가 되면 야구를 더 할 수 있어 좋았겠지만, 그렇지 않아도 크게 나쁠 것 같지는 않았다.

오늘은 두 번째 수업 날. 선생님이 우리를 데리고 밖으로 나갔다. 운동장 옆 화단에 심어진 꽃사과나무 아래가 오늘의 실험실이라고 했다.

꽃사과나무에는 작고 빨간 열매가 주렁주렁 달려 있었다. 선생님은 열매가 많은 가지 아래에 구부정하게 섰다. 왜 그렇게 불편하게 서서 수업을 하는지 우스꽝스러웠다.

"세상에서 가장 유명한 사과가 뭔 줄 아니?"

선생님의 질문에 예빈이가 답했다.

"백설공주가 먹은 독 사과요!"

그러자 선생님이 소리 내어 웃으며 말했다.

"아하, 백설공주의 사과도 물론 유명하지. 그런데 뉴턴의 사과도 백설공주의 사과 못지 않게 유명하단다. 뉴턴이 케임브리지 대학에 다니던 때에 영국에 '페스트'라는 무시무시한 전염병이 돌았어. 그래서 대학도 잠시 문을 닫을 수밖에 없었지. 뉴턴은 고향 집에 가서 독서와 연구, 실험으로 시간을 보냈어. 그렇게 시간을 보내던 어느 날, 뉴턴이 사과나무 아래에 앉아 있는데 사과가 툭 하고 떨어진 거야. 자, 여기서 질문 하나 할게. 떨어지는 사과를 본다면 우리는 어떤 궁금증을 가질까?"

친구들이 곰곰이 생각한 뒤 말했다.

"사과가 썩었나?"

"새가 사과를 툭 쳐서 떨어졌나?"

"이 사과를 껍질째 먹을까, 깎아 먹을까?"

"사과 잼을 만들까, 사과 주스를 만들까?"

선생님이 빙긋 웃으며 말했다.

"맞아, 그런 질문들도 할 수 있겠지. 그런데 뉴턴은 말이야, '왜 아래로 떨어질까?' 하고 의문을 가졌어. 물체가 아래에서 위로가 아니라 위에서 아래로 떨어지는 이유를 궁금해 한 것이지. 훈동아, 사과는 왜 아래로 떨어졌을까?"

선생님이 갑작스럽게 질문을 하니 아무 답도 하지 못하고 우물쭈물했다.

"너무나 당연한 사실이지만 그 이유를 물으면 답을 하기 힘든 질문이야. 그치? 도대체 왜 떨어질까? 떨어지는 걸 궁금해 하는 게 말이 될까? 그런데 뉴턴은 이 세상이 생겨난 이후로 줄곧 보여 왔던 당연한 현상을 궁금해 하고 답을 찾으려고 노력했어. 혹시 너희들 눈에 지금 새롭게 보이는 현상들이 있니? 당연한 줄 알았는데 당연한 게 아닌 것 같은 것들이 보이니? 잠깐 시간을 줄 테니 주변을 살펴보고 질문을 하나씩 만들어 볼까?"

우리는 꽃사과나무 주변을 서성이며 이것저것 관찰했다. 하늘도 보고 땅도 보고 흙도 보고 나무도 보고……. 10분 정도 지난 뒤 선생님이 다시 우리를 불러 모았다.

"궁금한 게 생겼어? 진호는 어떤 질문을 만들어 봤어?"

진호가 발개진 얼굴로 더듬거리며 말했다.

"음……. 그러니까요, 뭐가 궁금하냐면요, 흙은 왜 똥색일까요?"

아이들이 깔깔 웃어댔다. 선생님도 웃었지만 진지하게 답했다.

"그래, 좋은 질문이야. 그러고 보니 흙은 대체로 똥이랑 비슷한 색이네! 똥이랑 흙이 공통점이 있을까? 거기서부터 연구를 해 나가다 보면 엄청난 발견을 할 수도 있겠지. 자 이번에는 수인이, 수인이는 뭐가 궁금해졌어?"

그러자 수인이가 얼굴을 들고 말했다.

"바람은 왜 눈에 보이지 않을까요?"

이어서 몇 명의 친구가 궁금한 것을 더 이야기했고, 내 차례가 되었다.

"훈동이는 뭐가 궁금해졌니?"

"음, 저는요. 야구공과 사과를 같은 높이에서 떨어뜨렸을 때 어느 것이 먼저 떨어질까가 궁금해졌어요."

선생님은 우리들의 질문이 모두 좋은 질문이라고 칭찬을

해 주었다. 그런 궁금증을 갖는 게 과학적인 사고를 하는 첫걸음이라고 했다.

선생님이 꽃사과 열매를 올려다보며 말했다.

"어, 그나저나 왜 꽃사과가 안 떨어지지? 인생은 타이밍이라더니, 이렇게 타이밍이 안 맞으니 선생님은 유명한 과학자가 못 됐나 봐. 하하."

맞다. 타이밍이 중요하다. 투수가 던진 공을 방망이로 때릴 때에도 타이밍이 안 맞으면 헛일이다. 볼썽사납게 헛스윙을 하거나 빗맞고 만다. 나도 선생님처럼 타이밍이 잘 안 맞는 그저 그런 타자인 셈이다.

선생님이 열매를 떨어뜨리려고 가지를 붙잡고 흔들었다. 그러자 나무 위에 있던 새가 푸드덕거리며 날아올랐다. 그런데 새가 날면서 선생님 어깨에 흰 똥을 찍 떨어뜨리고 갔다.

"어이쿠, 이게 뭐야! 떨어지라는 사과는 안 떨어지고 똥이 떨어졌네. 뭐 어쨌든 떨어진 건 떨어진 거니까."

선생님이 새에게 손까지 흔들며 인사를 했다. 선생님의 엉뚱함에 우리도 웃었다.

선생님은 사과가 왜 아래로 떨어지는지 이유를 생각해 보라는 숙제를 내 주고는 수업을 마쳤다.

 ## 뉴턴의 사과나무

뉴턴이 사과나무 아래에서 떨어지는 사과를 보고 '만유인력' 즉 질량을 가진 모든 물체가 서로 잡아당기는 힘을 가지고 있다는 것을 알아냈다는 일화는 매우 유명해요. 뉴턴은 몇몇 사람에게 만유인력의 법칙을 밝히며 사과에서 영감을 받았다고 이야기한 적은 있지만, 사과가 진짜로 툭 하고 떨어졌다는 이야기를 글로 남긴 적은 없다고 해요.

그럼에도 불구하고 후대의 사람들은 뉴턴의 사과나무를 실제로 보고 싶어 했어요. 그래서 현재 영국 뉴턴의 생가에 있는 사과나무 가지를 꺾어다 접목하여 키운 나무들이 세계 곳곳에 있지요.

우리나라에도 뉴턴의 사과나무가 있어요. 한국표준과학연구원에서는 1978년 미국으로부터 뉴턴의 사과나무 3대손을 기증 받았어요. 처음 기증 받은 사과나무는 모두 죽고 그 나무들을 접목하여 키운 4대손 사과나무가 한국표준과학연구원에 남아 있답니다. 이 4대손 사과나무는 국립중앙과학관, 과천국립과학관, 서울과학고 및 대전과학고 등에서도 볼 수 있어요.

한국표준과학연구원에 있는 사과나무

엄마의 잔소리

수업이 끝나고 친구들과 우리 아파트 공터에 모여 캐치볼을 했다.
"슈웅, 퍽, 슈웅, 퍽!"
나는 공이 날아가고 잡히고 날아가고 잡히는 이 소리가 참 좋다. 캐치볼을 하다 보니 저녁 7시가 넘은 줄도 몰랐다. 갑자기 저 위에서 엄마 목소리가 들려 왔다.
"김, 훈, 동! 너 몇 시인데 아직도 거기 있는 거야? 엄마가 아파트에서 캐치볼 하지 말라고 했잖아. 그러다 지나가는 사람 공 맞으면 어쩌려고 그래? 수학 문제 다 푼 거야? 엄마가 오늘 검사한다고 했다? 기동이한테 오늘 블록으로 소방차 만들어 준다고 한 거 기억 안 나? 기동이도 여태 기다리고 있잖아!"

그러고도 한참을 엄마는 창문으로 얼굴을 내밀고 잔소리를 늘어놓았다. 끝도 없는 잔소리는 로켓포가 목표물을 향해 날아오듯 나에게 정확히 날아왔다.

아, 창피해. 꼭 그렇게 동네 사람들 다 듣게 해야 하나?

엄마의 잔소리도 사과처럼 땅으로 뚝 떨어져 버리면 좋으련만. 그나저나 사과는 왜 땅을 향해 떨어지는 걸까? 아무리 생각해도 모르겠다. 아니, 그런 걸 질문이라고 하는 이유를 모르겠다.

지구는 물체를 끌어당긴다

사과가 왜 땅으로 떨어지는지 드디어 그 답을 알 수 있는 시간이 돌아왔다.

선생님이 교실에 들어오자마자 질문을 했다.

"수인아, 사과가 왜 아래로 떨어지는지 생각해 봤어?"

수인이가 우물쭈물거리다 말했다.

"선생님, 그게 말이에요. 사실 아무리 생각해 봐도 정말 잘 모르겠어요. 무거워서 떨어진다는 것 말고는 생각이 잘 안 나요."

선생님이 씩 웃으며 사과가 왜 아래로 떨어지는지에 대한 뉴턴의 답을 설명해 주었다.

"사과가 땅으로 떨어진 이유, 궁금하지? 그건 바로 지구가 사과를 끌어당겨서 그래. 지구는 사과만 끌어당기는 게 아니야. 이 의자도, 책상도, 지우개도, 연필도, 그리고 우리도 끌어당겨."

말도 안 되는 소리였다. 지구가 끌어당기다니? 나는 얼른 손을 들고 말했다.

"선생님, 저는 지구한테 끌려간 적이 한 번도 없는데요! 지구가 끌어당기는 걸 느껴 본 적이 없어요."

그러자 다른 아이들도 내 말이 맞다며 맞장구를 쳤다.

선생님이 개구쟁이 같은 미소를 지으며 말했다.

"과연 그럴까? 훈동아, 일어나서 팔짝 뛰어 봐. 계속 공중에 떠 있을 수 있으면 떠 있어도 괜찮아. 위로 더 올라가도 좋고 말이야."

나를 놀리려고 하는 말인가? 뭔가 알쏭달쏭했지만 일어나서 두 발을 모으고 한 번 폴짝 뛰고는 쿵 내딛었다.

"훈동아, 뛴 다음에 왜 내려왔어?"

"그거야 저는 마술사도 아니고 날개도 없으니까 당연히 내려왔죠."

선생님도 콩콩 뛰며 말했다.

"그래, 그게 바로 지구가 우리를 끌어당기고 있다는 증거란다. 그렇지 않다면 아마, 위로도 올라가고 옆으로도 갈 수 있을걸?"

듣고 보니 맞는 말인 것 같기는 했지만 그렇다고 확실하게 이해가 되지는 않았다. 힘은 보이지도, 들리지도 않으니까 말이다.

"지구가 물체를 끌어당기는 힘, 물체가 지구로부터 받는 힘을 바로 '중력'이라고 해. 지구만 물체를 끌어당기는 건 아니야. 모든 물체는 서로 당기는 힘이 있어. 이 서로 당기는 힘을 '중력' 또는 '만유인력'이라고 하지. 서로 당기지만 힘이 더 센 방향으로 움직여. 우리도 지구를 당기지만 지구가 우리를 당기는 힘이 훨씬 커서 우리가 땅에 발을 딛고 있는 거란다."

그때 예빈이가 창문으로 들어온 햇빛 속에서 떠다니는 먼지들을 가리키며 말했다.

"선생님, 먼지들은 땅으로 안 떨어지고 이렇게 날아다니는데요! 그럼 먼지가 지구보다 힘이 더 센 건가요?"

"예빈이가 예리한 질문을 했구나. 그건 지구가 먼지를 당기는 힘보다 움직이는 공기가 먼지에 미치는 힘이 더 크기 때문이야. 바람이 잠잠해지고 공기의 움직임이 없다면 먼지도 결국 땅으로 내려오겠지."

그럴 듯하게 들렸지만, 도무지 이해하기 힘들었다. 대체 지구는 어떻게 해서 우리를 끌어당긴다는 건지! 손이 있는 것도 아니고 자석도 아닌데 말이다. 우리가 어려워한다는 것을 눈치챘는지 선생님이 다시 이야기를 했다.

"세상에는 여러 가지 힘이 있어. 힘을 작동시키려면 손으로 밀기도 하고 던지기도 하고 발로 차기도 해. 기계를 작동시키기도 하고 말이야. 세찬 바람도 큰 힘을 갖고 있고, 떨어지는 물도 힘을 갖고 있지. 이런 힘은 주위 환경과 접촉을 해서 일어나는 힘이야. 그래서 우리 눈으로 볼 수 있고 이해하기도 쉽지. 그런데 지구가 잡아당기는 힘인 중력은 자연에 있는 기본 힘이야. 힘을 일으키는 동작을 눈으로 볼 수 없어서 이해하기 힘이 드는 것이지."

이번에는 진호가 조금 삐딱한 목소리로 물었다.

"선생님, 중력을 몰라도 우리가 생활하는 데 아무런 문제

가 없잖아요! 중력이라는 게 닳아 없어지는 것도 아니고요. 그게 왜 대단한 발견인지 모르겠어요. 중력을 안다고 달라질 게 있나요?"

그러자 선생님이 고개를 저으며 말했다.

"중력을 몰랐다면 지구와 달, 별들이 어떤 원리로 움직이는지 깨닫지 못했을 거야. 그랬다면 인공위성을 만들 수도 없었을 테고 말이야. 인공위성이 없었다면 우리는 날씨를 미리 알기도 힘들고 통신도 하기 힘들었을걸? 외국에서 올린 동영상을 휴대전화로 실시간으로 보는 일도 불가능했을 테고 말이야. 어때, 중력이 우리 생활에 큰 영향을 미치는 것 같지 않니?"

 ## 만유인력과 중력

물체가 서로 잡아당기는 힘, 만유인력

뉴턴의 생각은 떨어지는 사과뿐 아니라, 이 세상에 있는 모든 물체가 서로 잡아당기고 있는 게 아닐까 하는 데까지 미쳤어요. 그래서 이렇게 물체가 서로 잡아당기는 힘을 '만유인력'이라고 했어요. 만유인력은 '중력'과 같은 말이에요. 사과처럼 작은 물체는 잡아당기는 힘도 작아서 거의 알아차릴 수 없지만 태양이나 지구, 달과 같은 큰 물체는 힘이 엄청 크지요. 중력은 항상 지구의 중심 쪽으로 향하기 때문에 둥근 지구 어디에 있어도 똑바로 서 있을 수 있어요. 또 행성은 태양 주위를 돌고 달은 지구 주위를 도는데, 이 과정에도 중력이 작용해요.

뉴턴이 만유인력, 즉 중력을 발견하기 전까지 사람들은 이러한 일들이 왜, 어떻게 일어나는지 몰랐어요. 하지만 뉴턴 덕분에 자연과 우주에서 일어나는 여러 가지 일들을 이해하게 되었답니다.

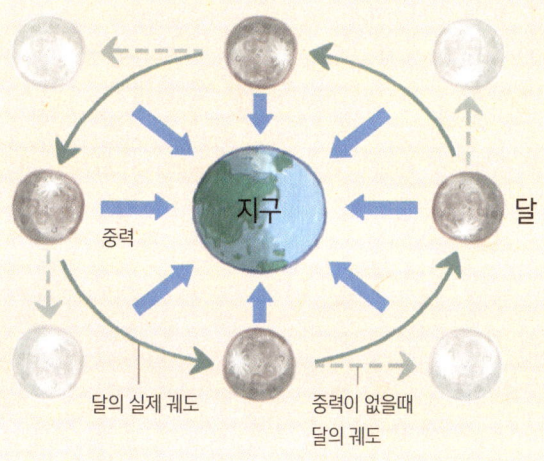

중력은 모든 야구공에게 평등하다

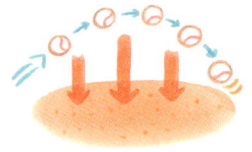

오늘 오후에는 계속 타격 연습을 했다. 오늘도 찬영이의 공은 뻥뻥 잘도 날아가는구나. 나는 움찔움찔하다 배트를 휘둘러 보지도 못한 때가 더 많았다. 어쩌다 한 번 휘둘러도 헛스윙일 때가 많고, 어쩌다 배트에 공이 맞아도 내 공은 내야를 벗어나지 못했다.

"훈동아, 날아오는 공을 끝까지 잘 봐야지. 다리는 딱 버티고 서고, 어깨에는 힘을 좀 빼고!"

코치님이 아무리 이야기를 해 주어도 좀처럼 시원한 타구가 나오지 않았다. 야구장에 있는 것만으로도 신이 나지만 공을 잘 치지 못할 때는 풀이 죽어 있을 때도 많았다.

B팀이 연습을 하는 동안 잠깐 그늘에서 쉴 수 있었다. 음료수를 마시며 B팀이 연습하는 것을 찬찬히 보았다. 모든 공이 땅으로 떨어지고 있었다. 파울 볼도 홈런 볼도, 짧은 타구도 긴 타구도, 공이 날아가는 속도와 위치, 공중에 떠 있는 시간은 조금씩 달랐지만 결국은 땅으로 떨어졌다.

  중력은 홈런 타자 찬영이의 공에게도, 내야 안타 하나 만들어 내는 것도 버거운 나의 공에게도 똑같이 작용한다. 중력은 모든 야구공에게 평등하다!

  중력 생각을 하자 쭈글쭈글 찌그러졌던 마음이 조금씩 펴지는 것 같았다. 찬영이의 공과 내 공 모두 중력의 힘을 받는다 해도 실력 차이는 변함이 없다. 그런데 그 차이가 왠지 다른 때보다 훨씬 더 좁게 느껴졌다.

  중력이라는 것을 알아서 어디에 써먹나 했더니만, 나의 마음을 편안하게 해 줄 줄이야!

  쉬는 시간이 끝나고 다시 우리 팀 연습이 시작되었다. 오늘은 수비할 때 처음으로 좌익수 자리에 서게 되었다. 내가 서 있는 자리까지 공이 날아오는 경우는 많지 않았다. 하지만 어쩌다 한 번씩 오면 3루수로 있을 때보다 공이 내게 날아오는 시간이 훨씬 길었다. 나는 날아오는 공을 더 오래 볼 수 있었고 공이 떨어질 위치를 가늠하고는 잽싸게 뛰어갔다. 공을 잡으려고 엎어지고 넘어지고 구를 때 정말 신이 났다. 하나도 아프지 않았다. 중력으로 인해 땅으로 내려오는 공을, 땅보다 내 손에 먼저 닿게 하겠다는 다짐으로 신이 나도록 뛰어다녔다.

 ## 중력은 지구 어디에서나 똑같을까?

적도 지역과 극지방의 중력은 달라요. 적도 지역과 극지방의 중력이 다르게 작용하는 요인은 여러 가지가 있는데, 그중 하나는 지구가 완벽한 원이 아니라 약간 길쭉하게 둥근 타원형이기 때문이에요. 지구 중심에서 북극까지의 길이보다, 지구 중심에서 적도까지의 길이가 더 길지요.

중력은 물체가 지구 중심과 가까울수록 크게 작용해요. 그래서 극지방보다는 적도 지역의 중력이 더 약하답니다. 하지만 실생활에서 크게 느끼기는 어려운 정도예요.

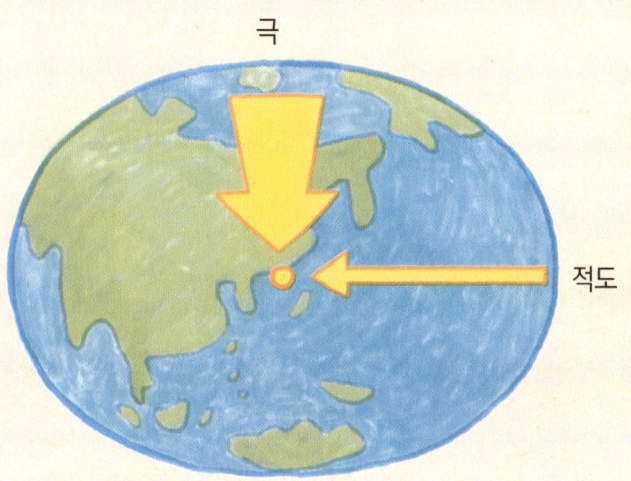

중력은 지구 중심 방향으로 작용하는데, 극지방이 중심에 더 가깝기 때문에 극지방의 중력이 큰 편이에요.

3장
뉴턴, 운동의 법칙을 찾다

$$E = mc^2$$

$$F \propto m$$

$$P = \gamma mv$$

$$F \propto a$$

$$F = \frac{d}{dt}P = \frac{d}{dt}(mv)$$

물체의 움직임에는 법칙이 있다

오늘도 김이삭 선생님은 창백한 얼굴로 교실에 나타났다. 달라진 건 비가 와서 그런지 오늘따라 머리가 더 곱슬거렸다는 것! 사실 비가 오지 않았으면 운동장으로 나가서 수업을 했을 텐데 아쉬웠다.

"오늘은 운동에 대해 배울 거야. 뉴턴이 운동에 대해 만든 법칙들이 있거든."

과학자가 운동이라니, 반가워서 선생님에게 질문을 해 댔다.

"선생님, 뉴턴도 운동을 좋아했어요? 축구요, 야구요?

아닌가, 골프인가? 선생님, 뉴턴이 살던 시대에는 어떤 운동을 했어요?"

그러자 선생님이 곤란한 얼굴로 말했다.

"아, 그게 말이다. 아마 뉴턴은 운동을 거의 안 했을 거야. 평생 한 일이라고는 책 보고 연구하고 실험한 게 전부였을걸? 뉴턴 관련 책을 여러 권 읽어 보았지만 뉴턴이 운동을 즐겼다는 내용은 한 번도 본 적이 없거든. 뉴턴은 연구 말고는 취미도 없었고 여자 친구도, 부인도, 자식도 없었어. 안타깝게 친구도 별로 없었단다."

선생님의 이야기를 듣고 보니 위인이라고 해서 무턱대고 부러워할 건 없다는 생각이 들었다.

선생님은 다시 운동에 대한 이야기를 계속했다.

"아, 그리고 오늘 배울 운동은 물체의 운동이야."

아, 김이삭 선생님 특이한 건 알아주어야 한다. 물체가 운동을 한다니. 나도 과학 시간에 물체가 무엇인지 배웠단 말씀! 물체란 모양이 있고 공간을 차지하고 있는 거잖아. 자석, 돌, 장난감, 공, 망치, 휴대전화 등등. 그런데 물체가 운동을 한다고? 선생님이 내 마음속이라도 들여다본 것처럼 배시시 웃으며 이야기했다.

"너희들, 지금 팔다리도 없는 물체가 어떻게 운동을 하나 그런 생각하고 있지? 과학에서 운동이란 물체가 어떤 힘에 의해 움직이거나 움직임을 멈추는 것을 말해. 사람은 스스로 몸을 움직여 운동을 할 수 있지만 물체는 스스로 움직일 수 없어. 그래서 바깥에서 오는 힘을 통해 운동을 하지. 훈동아, 힘이 뭘까?"

갑작스러운 질문에 나는 떠듬떠듬 대답했다.

"히, 힘은 우리 몸에 있는 에너지요."

"그래, 훈동이 네가 가진 것도 힘이야. 그런데 오늘 우리가 배울 힘은 과학에서 말하는 힘이야. 물체가 운동을 하려면 어딘가에서든 무언가에서든 영향을 받아야 해. 그 영향이 바로 힘이야. 자, 봐."

선생님은 장난감 자동차를 하나 꺼냈다. 자동차를 밀어 바퀴를 굴려 보기도 하고, 책으로 자동차를 밀어 보기도 하고, 지우개를 던져 자동차를 움직이게 만들었다.

"이 장난감 자동차가 움직이다 멈췄지? 자동차가 여러 가지 힘을 받아 운동을 한 거야. 뉴턴은 이런 물체의 운동에 몇 가지 법칙이 있다고 했어. 모두가 당연하게 여겼던 힘과 운동을 뉴턴이 과학의 큰 주제로 이끌어 낸 거지."

뉴턴의 《프린키피아》

1684년 '에드먼드 핼리'라는 천문학자가 뉴턴을 만나러 케임브리지로 왔어요. 핼리는 뉴턴에게 행성이 왜 타원형으로 도는지 물어보았어요. 뉴턴은 나중에 자료를 정리해서 보내 주겠다 약속하고는 핼리를 돌려보냈지요. 이후 뉴턴은 아홉 쪽에 달하는 편지로 핼리의 질문에 답해 주었어요. 핼리는 뉴턴의 위대한 연구를 책으로 펴내자고 설득했어요. 그때까지만 해도 뉴턴은 자신의 연구 결과를 쉽게 세상 밖으로 내보이지 않았거든요. 뉴턴은 결국 세 권짜리 책을 쓰게 되었어요.

이 책이 바로 《프린키피아》 (자연 철학의 수학적 원리)예요. 이 책에는 만유인력의 법칙과 우주, 자연에서 일어나는 운동 따위가 실려 있답니다.

관성의 법칙

오늘 '뉴턴의 실험실' 수업은 운동장의 육상 트랙에서 했다. 선생님은 오자마자 바닥에 길게 테이프를 붙였다. 그러더니 우리를 100미터 뒤로 데리고 갔다.

"얘들아, 오늘은 100미터 달리기를 할 거야."

"네? 과학 시간에 무슨 달리기예요?"

윤지가 선생님을 말리자 선생님이 손사래를 치고 고개를 흔들며 말했다.

"에이, 설마 선생님이 너희들 체력 단련시키려고 달리기를 하라고 하겠어? 깊은 뜻이 있으니 일단 들어 봐. 두 명씩 달릴 거야. 여기에서 시작해서 저기 테이프 붙인 곳에 딱 서야 해. 앞으로 더 나가지 말고 테이프에 딱 서는 거야. 알겠지?”

첫 번째 순서로 나와 수인이가 달리게 되었다. 달리기라면 자신 있지! 야구 연습할 때 날마다 하는 게 달리기니까 말이다. 선생님이 호루라기를 불자 있는 힘껏 뛰었다. 수인이가 저만치 뒤처지는 게 느껴졌다. 나는 육상 선수라도 되는 것처럼 전력 질주를 했다. 그러다 보니 수인이보다 훨씬 먼저 도착했지만 결승 테이프에 딱 멈춰 서지는 못했다. 선생님은 내가 멈춘 곳에 색깔 테이프를 붙여 표시했다. 수인이는 나보다 늦게 도착했지만 결승선을 벗어난 길이는 나보다 짧았다.

이어서 다른 아이들도 짝을 지어 달리기를 했다. 빠른 아이도 있고 느린 아이도 있고, 결승선을 많이 벗어난 아이도 있고 적게 벗어난 아이도 있었다.

선생님은 아이들이 멈춘 곳에 붙인 테이프를 가리키며 말했다.

“선생님이 결승 테이프에 딱 멈추라고 했는데, 제자리에 멈춘 친구는 한 명도 없네? 왜 그랬을까?”

우리는 어리둥절한 표정으로 아무 말도 못하고 가만히 서 있었다. 그러자 선생님이 깔깔 웃으며 말했다.

"지금 너희 혼내는 거 아니야. 달려 보니까 어때, 결승선

에서 딱 멈추기 힘들었지?"

그러더니 선생님이 갑자기 나에게 질문을 했다.

"훈동아, 너는 야구 하니까 잘 알겠네? 1루 베이스에 있던 주자가 2루 베이스로 갈 때, 2루 베이스에서 딱 멈추기 힘들어서 슬라이딩으로 들어가는 경우를 자주 봤지? 2루 베이스에서 멈추지 못하고 벗어나서 아웃 되는 경우도 많이 겪어 보지 않았니?"

"네, 보기는 많이 봤어요. 그런데 제가 안타를 잘 못 쳐서, 많이 겪어 보지는 못했어요."

나는 기어 들어가는 목소리로 말했다. 사실이다. 안타를 잘 치지 못해 베이스를 밟는 일이 드무니까.

그런데 선생님 말대로 2루나 3루로 들어갈 때는 슬라이딩을 많이 한다. 1루에서는 베이스를 지나쳐도 공보다 먼저 도착하면 아웃이 되지 않는다. 하지만 2루나 3루에서는 공보다 먼저 도착했다 하더라도 베이스를 벗어나 있다면 수비수가 공을 든 손으로 타자 주자를 찍어 아웃 시킬 수 있기 때문이다. 그래서 2루나 3루에 들어갈 때에는 슬라이딩을 해서 들어가는 경우가 많다. 아, 나도 슬라이딩

많이 하고 싶다.

잠깐 야구 생각에 빠져 있는데 선생님이 중요한 이야기를 했다.

"우리가 결승선에서 딱 멈추지 못한 건, '관성의 법칙' 때문이야. 관성이란 물체가 운동 상태를 유지하려는 성질이지. 우리 몸은 일단 달리기 시작하면 쉽게 멈추지 못해. 달리고 있던 운동 상태를 계속 유지하고 싶어 하는 거지. 그래서 한 번에 딱 멈추지 못하는 거야."

방금 전 달렸던 기억을 다시 떠올려 보니 맞는 말이었다. 내 마음은 결승선에서 딱 멈추고 싶었지만 몸은 계속 달리고 싶어 했다. 그래서 결승선을 지나서까지도 다리가 제멋

대로 앞으로 나갔던 거다.

선생님이 이번에는 주머니에서 장난감 자동차를 꺼내 바닥에 내려놓았다.

"어때, 자동차가 가만히 있지? 이것도 관성이야. 움직이지 않는 물체는 계속 가만히 있으려고 하지. 하지만 이렇게 굴리면 계속 굴러가려 하고 말이야. 요약하자면, 관성이란 정지해 있는 물체는 계속 정지해 있으려고 하고, 움직이던 물체는 계속 움직이려고 하는 성질이야."

그때 예빈이가 손을 들고 물었다.

"선생님, 움직이던 물체는 계속 움직이려고 한다고 했잖

아요. 그런데 장난감 자동차는 왜 멈췄어요? 관성의 법칙대로 한다면 계속 굴러가야 맞는 거 아니에요?"

오, 신예빈! 역시 우리 수업의 에이스답다. 예빈이 질문을 들으니 나도 덩달아 궁금해졌다.

선생님이 예빈이에게 엄지를 척 들어 보이더니 대답을 했다.

"그건 '마찰력'이라는 힘 때문이야. 바닥과 자동차의 바퀴 사이에는 마찰력이 작용하고 있어. 우리가 얼음판에서는 더 잘 미끄러지고 모래밭에서는 덜 미끄러지는 것도 바로 이 마찰력 때문이지. 마찰력이 없다면 한번 움직인 물체는 영원히 움직일 거야."

생각해 보니 '마찰'이라는 말을 야구 공부를 하면서 들어 보았다. 2루나 3루에서 슬라이딩을 하는 게, 마찰력을 이용해서 쉽게 멈추기 위한 거라는 이야기를 야구 책에서 본 것도 같다.

선생님이 다시 이야기를 이어 갔다.

"물체의 운동에 적용되는 관성의 법칙처럼 우리의 생활 습관에서도 비슷하게 작용하는 경우가 있어. 선생님 같은 경우에는 말이다, 흠흠, 이 머리가 파마머리란다. 처음 파마를 했는데, 잘 어울린다는 말도 많이 듣고 내가 봐도 제법 괜찮아 보이더라고."

"우후!"

우리는 야유를 쏟아 냈다. 하지만 선생님은 신경 쓰지 않고 말을 계속 이어 나갔다.

"그래서 파마가 풀리면 또 하고, 파마가 풀리면 또 하고 그랬지. 그랬더니 이제 생머리가 너무 어색해. 그러니까 내가 계속 파마를 하는 것도 어쩌면 관성 같은 것 아닐까? 너희들은 어떠니?"

그러자 진호가 말했다.

"선생님, 저는 늦게 자고 늦게 일어나는 습관이 있어요. 고치려고 해도 잘 되지 않아요."

"하하, 일찍 자고 일찍 일어나는 건 건강에도 좋으니 되도록 고쳐 봐. 수인이는 어때?"

그러자 수인이가 쭈뼛거리며 말했다.

"저는 밤에 자기 전에 꼭 아이스크림을 먹어요. 엄마한테 혼나면서도 만날 먹어요. 한번 달리면 멈추지 못하는 자동차처럼요."

그러자 선생님이 미소 지으며 말했다.

"사실, 관성은 물체의 운동 성질을 뜻하는 말이고, 선생님의 파마 습관이나 진호, 수인이의 경우는 오래도록 굳어진 습관이니, '타성'이라는 말이 정확하겠구나."

나는 어떤 오래된 습관을 가지고 있을까? 나는 야구 시합을 하기 전에 늘 다짐한다. '오늘 안타를 못 치면 내일 치면 되지. 풀이 죽지 말자.' 이 다짐을 늘 마음에 새긴다. 그래서 오늘 못 치더라도 내일을 기대한다. 내일이 오늘이 되어 또다시 안타를 못 쳐도 그 다음 날을 기대한다. 그래야 즐겁게 야구장에 갈 수 있다. 날마다 하는 이 다짐이 이젠 습관이 되어 하루하루를 즐겁게 보낸다. 그러다 보면 나도 안타도 치고 홈런도 치는 날이 오겠지?

 생활 속의 관성

관성은 움직이던 물체가 계속 그 움직임을 유지하려고 하는 성질이에요. 관성은 우리가 차를 타고 갈 때에도 쉽게 느낄 수 있지요.

차가 달리다가 갑자기 멈추었을 때
차와 같은 속도로 가고 있던 사람은 계속 앞으로 나아가려는 성질 때문에 몸이 앞으로 쏠려요.

차가 멈춰 있다가 갑자기 출발할 때
사람은 계속 멈춰 있으려는 성질 때문에, 차는 앞으로 나아가지만 사람의 몸은 뒤로 젖혀져요.

가속도의 법칙

오늘은 처음으로 방과 후 수업에 지각을 했다. 수업이 시작되기 전에 시간이 남아 엄마와 잠깐 치과를 다녀오기로 했다. 어금니에 충치가 난 것을 그냥 두었더니 까만 구멍이 점점 더 커져 치료를 받기로 한 거였다.

아이참, 엄마는 뭐가 그리 신이 나는지 간호사 선생님들 앞에서 쉬지 않고 이야기를 했다.

"얘가, 밤에 이를 잘 안 닦아요. 닦아도 어찌나 대강 닦는지 다섯 살 먹은 애 같으면 제가 붙들고 닦아 주겠는데 다 큰 애를 그럴 수도 없고 말이에요. 호호. 선생님, 이 잘 닦게 하는 법 없을까요? 호호."

내가 엄마 팔을 잡아당기며 말했다.

"엄마, 다른 사람들 앞에서 제 험담하는 거, 그거 정말 나쁜 습관이에요."

엄마가 내게 눈을 흘겼다.

치료가 끝나고 엄마 차로 학교까지 다시 가는 길이었다. 그런데 엄마가 또 길을 잘못 들어서서 돌아가게 되었다. 엄마가 늘 실수를 하는 곳이다. 우체국 사거리에서 좌회전을 해야 하는데 엄마는 늘 소방서 사거리에서 좌회전을 한다.

"엄마, 제발 내비게이션 말 좀 들어요. 왜 매번 이렇게 길을 잘못 들어요?"

그러자 엄마가 말했다.

"훈동이 네 말대로 이것도 나쁜 습관인가 봐."

결국 10분이나 늦게 방과 후 교실에 들어갔다. 그런데 다른 날과 분위기가 달랐다.

교실에 들어가자마자 과학 실험실 분위기가 물씬 풍겼다. 책상은 세 개의 모둠으로 나뉘어 있었고, 책상 위에는 여러 가지 과학 실험 도구들이 정리되어 있었다. 선생님의 움직임도 평상시와 다르게 빨라 보였다.

"일주일 동안 잘 지냈지? 참 수인아, 밤마다 아이스크림 먹는 습관은 좀 고쳤니?"

선생님이 지난 시간에 있었던 이야기를 꺼냈다. 수인이는 부끄럽다는 듯 배시시 웃고는 고개를 흔들었다.

"얘들아, 오늘은 몇 가지 실험을 해 볼 거야. 하나의 물체에 힘이 다르게 적용될 때 물체의 속도가 어떻게 변화하는지 볼 거야. 또 무게가 다른 물체를 놓고 똑같은 힘을 적용했을 때 그 물체의 운동 속도를 볼 거란다. 준비됐지?"

실험 1

준비물: 유리판, 바퀴가 굴러가는 수레, 서로 다른 색깔 테이프, 가위

① 유리판에 수레를 밀 위치를 테이프로 표시한다.
② 표시한 테이프에 수레를 놓고 손으로 민 다음,
   수레가 멈춘 자리를 다른 색 테이프로 표시한다.
③ 이번에는 손에 힘을 더 강하게 해서 수레를 민 다음,
   수레가 멈춘 자리를 다른 색 테이프로 표시한다.
④ ③보다 더 강한 힘으로 수레를 민 다음,
   수레가 멈춘 자리를 다른 색 테이프로 표시한다.

"손에 힘을 더 많이 줄수록 수레가 어떻게 달라졌어?"

"손에 힘을 더 많이 줄수록 수레가 더 멀리 굴러갔어요."

"그럼 손에 힘을 더 많이 줄수록 수레가 구르는 빠르기는 어땠지?"

"손에 힘을 더 많이 줄수록 수레가 빠르게 굴러갔어요."

"그건 바로 힘의 크기가 클수록 물체의 운동도 더 커지기 때문이야."

"아하, 야구공을 세게 던지면 공이 빠르고 멀리 날아가고, 야구공을 약하게 던지면 천천히 조금만 날아가는 것과 같은 거네요!"

"맞아, 같은 운동 상태의 물체에 대한 속도의 변화를 '가

속도'라고 하는데, 물체에 힘이 작용하면 그 힘에 비례해 가속도를 갖게 된다는 뜻이야."

"이번엔 다른 실험을 해 볼 거야."

실험 2

준비물: 용수철이 달린 나무판, 바퀴가 굴러가는 수레, 추 4개, 가위, 초시계

① 용수철이 고정된 나무판에 수레를 연결한다.
② 수레를 나무판 끝까지 당긴 다음 가만히 놓는다. 초시계를 이용해서 수레가 원래 위치로 돌아올 때까지의 시간을 잰다.
③ 수레에 추 하나를 싣고 나무판 끝까지 당긴 다음 가만히 놓는다. 초시계를 이용해 수레가 원래 위치로 돌아올 때까지의 시간을 잰다.
④ 추의 개수를 2개, 3개, 4개로 각각 늘려 ②의 과정을 되풀이한다.

추의 수	걸린 시간
1	0 : 0048
2	0 : 0060
3	0 : 0069
4	0 : 0075

"손으로 힘을 주면 실험을 할 때마다 똑같은 힘이었는지 아니었는지 정확하게 알기 힘들어. 하지만 용수철을 이용하면 매번 똑같은 힘을 줄 수 있지. 용수철의 힘은 매번 똑같았지만 수레에 담긴 추의 개수는 달랐어. 추의 개수가 많아질수록 수레가 처음 위치로 돌아온 시간은 어떻게 달라졌지?"

"추가 많아질수록 시간이 더 많이 걸렸어요."

"그래, 용수철이 수레를 당기는 힘은 모두 같지만 수레가 처음 위치로 되돌아오는 데 걸리는 시간은 추의 개수가 늘어날수록 오래 걸려. 힘이 같다면 가속도는 물체의 질량에 반비례하기 때문이야."

선생님은 실험 내용을 다시 한번 정리해 주었다.

"오늘 한 실험이 바로 뉴턴이 말한 '가속도의 법칙'이야. 힘이 크기가 커질수록 물체의 가속도도 커져. 하지만 물체의 질량이 커질수록, 더 쉽게 표현해서, 물체가 무거울수록 가속도는 줄어들어. 이해하겠니?"

우리는 선생님의 말을 곱씹듯이 곰곰이 생각하면서 천천히 고개를 끄덕였다.

당연한 사실을 왜 이렇게까지 어렵고 복잡하게 알아내야 하는지, 나는 그게 궁금했다.

작용과 반작용의 법칙

오늘 '뉴턴의 실험실'은 체육관이다. 우리는 체육관에 들어서자마자 웃음을 터트렸다.

선생님이 구불거리는 머리를 휘날리며 트램펄린 위에서 방방 뛰고 있는 게 아닌가! 우리가 오는 것도 눈치채지 못하고 정말 신이 난 듯 폴짝폴짝 뛰었다.

"정말 선생님 못 말려. 선생님, 수업하셔야죠!"

윤지가 선생님 앞으로 가서 소리를 치자 선생님이 멋쩍은 듯 트램펄린에서 내려왔다. 우리가 도착하기 한참 전부터 뛰었는지 얼굴도 벌겋고 숨도 헐떡거렸다. 선생님이 땀을 닦으며 말했다.

"아, 미안해. 아이들이 왜 그렇게 트램펄린을 좋아하는지 알겠다. 정말 재미있네!"

우리들은 아기처럼 웃는 선생님을 보고 어이없는 표정을 지었다. 뉴턴도 선생님처럼 저렇게 해맑았을까 하는 생각이 잠깐 스쳐 지나갔다.

선생님이 트램펄린을 가리키며 말했다.

"오늘은 뛰면서 놀 거야. 좋지? 진호랑 훈동이가 먼저 올라가서 뛰어놀아."

나는 진호와 함께 어리둥절한 얼굴로 트램펄린에 올라가서 뛰었다. 처음 몇 번은 조심스럽게 살살 뛰었는데 선생님이 마음껏 뛰어놀아도 된다고 이야기해서 진호와 장난을 치며 놀았다. 어찌나 뛰었는지 5분도 안 되었는데 땀이 흠뻑 났다.

우리가 내려온 다음에도 둘씩 짝을 지어 5분 정도 신나게 뛰다 내려왔다. 모든 아이들이 트램펄린 놀이를 마치고 나서야 선생님이 본격적으로 수업을 시작했다.

"재미있었지? 뜬금없이 웬 트램펄린인가 싶었을 거야. 오늘은 뉴턴의 운동 법칙 중 '작용과 반작용의 법칙'에 대해 알아볼 거야. 작용과 반작용이라는 말만 듣고도 우리가 왜 트램펄린에서 뛰었는지 알 것 같은 사람 혹시 있니?"

서준이가 손을 번쩍 들고 말했다.

"트램펄린에서 뛰면 몸이 올라갔다 내려갔다 하니까, 그런 거랑 상관이 있을 것 같아요."

이번에는 진호가 말했다.

"둘씩 짝을 지어 타라고 한 것 보면, 혼자 탈 때와 함께 탈 때 재미가 다르다는 거랑 관련이 있을 것 같아요."

이번에는 선생님이 말했다.

"트램펄린은 늘어났다 줄었다 하는 탄성이 아주 좋은 물질로 만들어졌어. 그래서 우리가 아래를 향해 쿵 뛰면 몸은 다시 위로 튀어 오르지. 세게 뛰면 뛸수록 그만큼 높이 올라가. 점프를 해서 몸이 트램펄린에 내리꽂는 힘을 '작용'이라고 한다면, 이때 트램펄린이 추락하는 몸을 받히는 힘을 '반작용'이라고 해. 힘을 주는 물체의 힘을 '작용'이라고 하고, 힘을 받는 물체가 힘을 준 물체에 작용하는 힘을 '반작용'이라고 하거든."

그렇게 수업이 끝나는가 싶었는데 선생님이 이번에는 바

퀴 달린 썰매 같은 걸 가져왔다. 우리는 썰매에 누운 다음 두 발로 벽을 힘껏 밀어 벽 반대 방향으로 밀려 나가는 놀이를 했다. 멀리까지 밀려나는 친구가 있는가 하면 얼마 못 가 멈추는 친구도 있었다.

우리는 과학 시간인 것도 잊고 깔깔거리며 재미있게 놀았다. 선생님이 놀이를 멈추게 하고 설명을 시작했다.

"지금 이 놀이도 작용과 반작용을 알아보기 위해 한 거야. 우리가 발로 벽을 미는 힘과 똑같이 벽도 우리를 밀어. 이 작용과 반작용의 힘으로 우리가 밀려 나갈 수 있는 거야. 수영 선수들이 수영장 벽을 발로 세게 밀어서 몸을 나가게 하는 것 본 적 있지? 그것도 바로 작용과 반작용의 힘을 이용한 거지. 그리고 힘의 방향은 어때?"

"반대요."

예빈이가 말했다.

"그래, 작용과 반작용은 서로 반대 방향이야. 작용과 반작용은 동시에 함께 일어나지만 방향은 반대야."

그러고 보니 아침에 엄마와 있었던 일이 생각났다. 아침에 엄마가 내 방에 들어오더니 방에 널브러진 물건들을 보고 잔소리를 했다.

"훈동아, 방 꼴이 이게 뭐니? 발 디딜 틈도 없잖아. 애도 아니고 언제까지 엄마가 청소를 해 줘야 해?"

그래서 나도 엄마에게 지지 않고 말했다.

"엄마, 이 물건들은 지구가 중력으로 끌어당겨서 바닥에 있는 거라고요! 중력이 없는 곳으로 이사 가요. 그럼 물건들이 바닥에 있지 않고 둥둥 떠다닐 테니 청소할 필요도 없겠네요?"

엄마가 기가 차다는 듯이 말했다.

"청소 좀 하랬더니 얘가 지금 뭐라고 하는 거야?"

"엄마가 좋아하는 '영재 과학B_뉴턴의 실험실' 시간에 배운 내용이라고요."

엄마에게 이기죽거린 건 미안하다. 그런데 엄마와 나 사이에는 작용과 반작용의 법칙이 작용하고 있는 것 같다. 엄마와 나, 힘은 같지만 방향은 반대인……!

작용과 반작용

모든 힘에는 쌍둥이처럼 늘 짝이 있어요. 힘의 크기는 같지만 방향은 서로 반대로 작용하지요. 연료를 뒤로 내뿜어서 앞으로 나아가는 로켓도 작용과 반작용의 힘으로 움직여요. 로켓처럼 작용과 반작용이 눈으로 잘 보이는 예도 있지만, 그렇지 않은 예가 훨씬 많아요. 태권도에서 격파를 할 때, 손의 힘이 송판을 내리치면 송판 역시 같은 양의 힘을 손에게 되돌려 주기 때문에 손이 아픈 거예요.

운동의 법칙, 야구의 법칙

오늘은 한 달에 한 번 있는 야구 시합 날이었다. 오늘은 다른 구에 있는 주니어 야구 클럽 팀과 대결을 했다. 나는 여덟 번째 타순에, 수비는 좌익수 자리를 맡았다.

그런데 오늘 시합을 하다 깜짝 놀란 게 있다. 나도 모르게 선수들의 움직임, 공과 방망이의 움직임을 보고 어떤 힘이 작용하는지 찾고 있는 거다.

날아가는 공, 떨어지는 공, 달리는 힘, 멈추는 힘. 야구장에서 일어나는 일들이 마치 '영재 과학B_뉴턴의 실험실'에서 배운 내용을 복습하는 것처럼 느껴졌다.

아, 그리고 시합하면서 처음으로 슬라이딩을 해 보았다.

내가 볼넷으로 1루에 나갔는데 다음 타자가 짧은 안타를 쳤다. 나는 2루를 향해 힘껏 달리다 적당한 지점에서 엎드려 손으로 2루 베이스를 잡았다. 관성의 법칙을 배울 때 이야기한 것처럼 달리던 상태로 2루에 갔다면 베이스를 지나쳐 아웃이 될 수도 있는 상황이었다.

그리고 오늘 시합에서 타석에 나간 건 세 번이었다. 2회에 볼넷, 4회에 스트라이크 아웃, 6회에 드디어 내야 안타 하나를 쳤다.

그런데 안타를 칠 때, 방망이에 공이 맞자마자 퍼뜩 떠오르는 생각이 있었다.

투수가 던진 공과 내가 휘두른 방망이가 맞부딪히며 작용과 반작용을 한다. 공은 관성의 법칙으로 계속 앞으로 나아가려고 하고 내 방망이는 공과 반대 방향으로 나아가려고 한다. 그런데 서로 맞부딪히며 관성이 깨져 공은 다시 날아온 방향으로 돌아가고 방망이도 뒤로 살짝 밀린다.

공을 더 멀리 날아가게 하려면 어떻게 해야 할까? 같은 투수가 던져도, 어떤 타자는 홈런을 만들고 어떤 타자는 장타를 만들고 어떤 타자는 단타를 만든다. 방망이를 휘

두를 때 어떤 자세를 취하는지, 공을 보는 능력이 어느 정도인지 등 여러 가지 기술이 필요하다. 하지만 기본적으로 내 몸이 힘을 갖추고 있어야 한다는 생각이 들었다.

얼마 전 프로 야구에서 봤던 게 생각났다. 프로 야구의 어느 팀 선수들이 겨울 휴식기에 근력 운동을 얼마나 많이 했는지 모두 헐크처럼 근육질 몸매로 변해 있었다. 그런데 그해에 그 팀의 선수들이 연속으로 홈런을 뻥뻥 치는 거였다. 기술도 기술이지만 역시 힘이 바탕이 되어야 하는 모양이다.

그럼 나도 힘을 키우기 위해 근력 운동을 좀 해 볼까?

그나저나 뉴턴은 운동이랑은 담쌓고 지낸 과학자라던데, 어떻게 운동의 법칙을 발견하게 됐는지 정말 모를 일이다.

빛은 무슨 색일까?

"오늘은 운동이 아니라 빛에 관한 수업을 할 거란다."

김이삭 선생님은 프리즘을 들고 왔다. 내가 첫 번째 수업 시간에 선물로 받은 프리즘이었다. 사실 선물을 받고는 집에 가서 한 번도 꺼내 보지 못했다. 선생님이 나에게 질문이라도 할까 봐 계속 조마조마했다.

선생님은 수업에 들어가기에 앞서 우리에게 질문을 했다.

"애들아, 빛은 무슨 색일까?"

대부분의 아이들이 흰색이라고 대답했다. 어두운 방에서 손전등을 켜면 그 손전등의 불빛도 흰색이다. 닫힌 문틈으로 들어오는 빛도 흰색이다. 그러니 빛은 흰색이 맞는 것 같았다.

선생님이 각 모둠에 프리즘과 검은 도화지를 주었다. 그러고는 프리즘을 빛에 비추어 검은 도화지에 나타나도록 했다.

"우아, 선생님! 무지개가 나타났어요."

아이들이 신기한 듯 떠들었다.

"그렇지? 태양 빛은 흰색 한 가지가 아니야. 빨강, 주황, 노랑, 초록, 파랑, 남색, 보라 등 여러 가지 색이 합해져 있는 거야. 빨주노초파남보 일곱 가지 색깔이라고 말하는 건 뉴턴이 대표적인 색 일곱 가지를 일컬은 거란다. 자세히 들여다보면 알겠지만 색깔 사이사이에도 여러 가지 색이 들어 있어."

"선생님, 그럼 빨주노초파남보가 뉴턴이 정한 거라고요? 원래 있던 현상이 아니고요?"

윤지가 묻자 선생님이 대답했다.

"그렇지. 옛날에도 무지개 색이 여러 가지인 것은 알았지만 저렇게 구체적으로 일곱 가지 색이라고 정한 건 뉴턴이 처음이었어. 그만큼 뉴턴은 빛에 관해서도 획기적인 연구를 해서 세상을 놀라게 했어. 뉴턴 이전까지만 해도 사람들은 빛이 프리즘을 통과할 때 그 색들이 프리즘 안에서 만들어진 것이라고 생각했거든. 하지만 뉴턴은 빛 속에 원래부터 여러 가지 색깔이 섞여 있다는 것을 밝혀냈지."

우리는 동시에 "아하!" 하고 소리쳤다.

"하지만 거기서 멈출 뉴턴이 아니었지. 뉴턴은 프리즘을 하나 더 준비했어. 첫 번째 프리즘을 통과한 빛 중에서 빨간색만 두 번째 프리즘에 통과시켰어. 그랬더니 빨주노초파남보 여러 색이 아니라 빨강 하나만 통과가 되는 거야. 이로써 뉴턴은 햇빛에서 나온 하나의 색은 혼합이 아니라 단색이라는 것을 밝혀냈지. 빨간색뿐 아니라 다른 색들도 마찬가지였고 말이야."

예빈이가 옆 모둠의 프리즘을 빌려와 선생님이 이야기한 것처럼 통과한 빛 중에서 하나의 색만 다른 프리즘에 통과시켜 보려고 했다. 하지만 실험이 마음먹은 것처럼 잘 되지 않는 듯했다.

선생님이 엷은 미소를 띠며 말했다.

"뉴턴이 했던 실험 결과를 똑같이 얻으려면 지금보다 훨씬 더 정교하게 실험 과정을 거쳐야 해. 오늘 선생님이 빛에 대해 이야기를 해 준 건, 학습도 학습이지만 너희들에게 해 주고 싶은 말이 있어서야."

우리들은 모두 동그래진 눈으로 선생님을 쳐다보았다. 갑자기 진지해진 분위기에 당황했는지 선생님이 헛기침을 했다.

"아니, 뭐 대단한 이야기는 아니고. 너희들 모두 각자 자기만의 색으로 반짝반짝 빛나고 있다고!"

여기저기서 쿡쿡 웃음소리가 새어 나왔다. 선생님도 멋쩍은 듯 큼큼 목을 가다듬고 다시 말했다.

"태양 빛이 하나의 색으로 보이지만 여러 가지 색이 섞여 있잖아. 그 색은 다른 색과 섞이지 않고 단색으로 남아 있고 말이야. 그런 것처럼 너희들도 아직은 어떤 색을 가졌는지 잘 모르지만, 분명 다른 사람과 구별되는 자신만의 색이 있어. 그걸 찾아서 잘 만들어 가면 좋겠다는 이야기야."

그때 수호가 큰 소리로 말했다.

"선생님, 오늘 마지막 수업으로 착각하신 거 아니에요? 너무 진지하세요!"

아이들이 모두 깔깔거리며 웃자, 김이삭 선생님의 얼굴이 발그레하게 물들었다.

 뉴턴과 빛

프리즘을 통과한 빛은 빨강, 주황, 노랑, 초록, 파랑, 남색, 보라 등 여러 색으로 나뉘어요. 그 색깔 중 하나를 프리즘에 통과시키면 다시 여러 가지 색이 나오는 게 아니라 통과시킨 그 색깔만 나오지요. 이를 통해 뉴턴은 하나의 색은 더 이상 나누어지지 않는다는 사실을 밝혀냈어요.

뉴턴은 빛의 성질을 이용해서 반사 망원경을 발명했어요. 반사 망원경의 발명으로 뉴턴은 이름이 알려졌어요. 영국 왕립학회는 반사 망원경을 만든 뉴턴의 업적을 아주 높이 평가하여 뉴턴을 영국 왕립학회의 회원으로 뽑았어요. 영국의 왕립학회는 1660년에 만들어진 학자와 지식인들의 모임으로, 자연 과학 진흥을 목적으로 하는 단체예요.
반사 망원경은 상의 변화 없이 상을 관찰할 수 있도록 도와줘요. 그래서 어두운 밤하늘의 별을 관찰할 때 뉴턴이 발명한 반사 망원경의 원리를 이용해서 만든 망원경을 많이 쓰지요.

마지막 수업

 오늘은 김이삭 선생님의 '영재 과학B_뉴턴의 실험실' 마지막 수업이다. 오늘 수업은 공개수업으로 진행되었다.
 엄마에게 제발 학교에 오지 말아 달라고 부탁했지만, 엄마는 내가 얼마나 진지하게 수업을 하는지 보겠다며 꼭 참석하겠다고 했다.
 엄마는 수업이 시작되기도 전에 와서 뒤쪽에 자리를 잡고 앉았다. 집에서 볼 때와는 다른 모습이어서 엄마가 왠지 낯설었다. 공개수업이라서 신경을 쓴 걸까?
 늘 질끈 묶은 머리도 차분하게 풀어져 있었다. 입술도 발

갛게 칠하고 가끔 외식하러 갈 때 입는 원피스에 작은 핸드백을 메고 있었다. 평소와 다른 엄마의 모습에 눈도 잘 못 마주쳤는데, 조금 후회가 된다. 엄마한테 예쁘다고 얘기라도 해 줄걸. 기동이 같았다면 "엄마 예뻐, 엄마 최고!"를 수없이 외쳤을 텐데 말이다.

공개수업이어서 신경을 쓴 건 김이삭 선생님도 마찬가지였다. 선생님의 머리는 평소보다 더 윤기가 흐르고 구불거렸다. 또 긴장한 듯 자꾸 두 손바닥을 비볐다. 눈길은 부모님 쪽을 보았다 우리를 보았다, 왔다 갔다 했다.

"자, 벌써 마지막 수업이 되었어요. 여러분, 뉴턴의 실험실을 떠날 준비가 되었나요?"

선생님의 첫마디가 나오자 우리들은 크크거리며 웃음을 참아야 했다. 여짓껏 우리에게 반말로 했는데 갑자기 존댓말을 하니 어색해서 견딜 수가 없었다.

"에이, 선생님 하시던 대로 하셔야죠."

선생님이 뒤쪽에 있는 학부모들을 슬쩍 보더니 작은 목소리로 말했다.

"그, 그럴까?"

그러자 뒤에서 한 아빠가 말했다.

"선생님, 편하게 평소대로 하세요. 저희는 그런 모습을 보러 왔으니까요."

선생님은 고개를 숙여 답을 한 뒤 평소처럼 자연스럽게 수업을 진행했다.

"얘들아, 벌써 마지막 수업이구나. 지난주에 내 준 숙제 모두 해 왔지?"

선생님의 말에 아이들이 준비한 숙제를 주섬주섬 꺼내 책상 위에 올려 두었다. 숙제는 다름 아닌, 지금껏 배운 뉴턴의 과학 상식을 나만의 방법으로 표현하기였다. 수업 내

용을 요약해도 좋고, 실험 도구를 만들어 와서 보여 주어도 좋고, 춤이나 노래, 그림이나 글로 표현해도 좋다고 했다.

예빈이는 실과 구슬을 이용해 작용과 반작용을 보여 주는 실험 도구를 만들어 왔다. 집에서 실험을 한 내용으로 실험 노트까지 꼼꼼하게 작성해 와서 선생님과 친구들을 놀라게 했다. 사실 놀랄 건 없다. 예빈이는 처음부터 우리 수업의 에이스였으니까.

수인이는 반으로 접은 도화지를 조심스럽게 펼쳐 보였다. 그리고 부끄러운 듯 발표를 시작했다.

"저는 밤이면 아이스크림을 먹는 저의 습관성도 멈추지

않는 자동차처럼 관성과 관련 있다고 생각해서, 자기 전에 아이스크림을 먹는 관성을 깨뜨리기 위한 몇 가지 방법을 적어 보았습니다. 첫 번째 방법, 저녁밥을 먹자마자 양치질을 해서 입맛을 없애고 자기 전에 한 번 더 양치질을 하겠습니다. 두 번째 방법, 엄마 아빠에게 냉장고에 아이스크림이 보이면 모두 치우라고 부탁합니다. 세 번째 방법, 그래도 너무너무 먹고 싶을 때는 얼음을 한 조각 먹겠습니다."

선생님과 친구들, 뒤의 학모님들까지 웃자, 수인이는 빨개진 얼굴로 인사를 꾸벅 하고는 서둘러 앉았다.

윤지는 뉴턴에게 쓴 편지를 가지고 와서 읽었다.

"뉴턴 아저씨에게.

아저씨, 안녕하세요. 저는 뉴턴 아저씨가 발견한 과학 법칙들을 방과 후 수업을 통해 배웠어요. 그리고 뉴턴 아저씨의 전기도 찾아서 읽어 보았답니다. 아저씨, 아저씨는 너무 외롭게 사신 것 같아요. 어린 시절에도 외로움과 고독으로 똘똘 뭉쳐 있어 보였어요. 물론 그래서 연구에 더 몰두한 것 같지만요. 어른이 되어서도 연구 말고는 아무것도 하지 않아서 불쌍해 보였어요. 연구하느라 밥 먹는 것도 잊는 게 일상이었다면서요! 제가 만약 아저씨를 알았다면 가서 말동무라도 되어 드렸을 텐데 아쉬워요. 아저씨가 남긴 위대한 업적들은 사실 아직도 알쏭달쏭해요. 왜 그런 걸 궁금해 했고 연구했는지 저로서는 이해하기 힘들어요. 저는 더 신나게 인생을 즐기고 싶거든요. 혹시 나중에 저랑 만나면 코인 노래방에도 같이 가고, 게임도 같이 해요. 세상에 신나는 일이 얼마나 많은지 뉴턴 아저씨에게 알려 드리고 싶어요. 그럼 그날까지 안녕히 계세요."

윤지가 편지를 마치자 선생님이 박수를 쳤다.

"윤지가 참 기특한 생각을 했구나. 선생님은 이십 년이 넘도록 뉴턴을 공부하면서도 뉴턴에게 신나는 인생을 소개할 생각을 해 본 적이 없거든. 뉴턴을 생각하는 마음이 선생님보다 낫네."

윤지가 선생님의 칭찬에 씩 웃었다.

진호는 '한국을 빛낸 100명의 위인들' 노랫말을 바꿔서 노래를 불렀다. 노랫말은 우리가 수업하면서 배운 내용이었다.

친구들의 발표가 모두 끝나고 마지막으로 내 차례가 되었다. 준비를 많이 한 친구들에 비하면 성의가 부족한 것 같아 꺼내 놓기가 부끄러웠다.

"훈동아, 훈동이는 뭘 준비했어?"

나는 그제야 쭈뼛거리며 가방에서 야구공을 꺼냈다. 나는 야구공 겉면을 일곱 부분으로 나눈 다음, 빨강, 주황, 노랑, 초록, 파랑, 남색, 보라로 색칠했다. 그중에서 파랑은 다른 색깔에 비해 더 넓게 칠했다.

나는 공을 손바닥 위에 올려 놓고는 말했다.

"저는 지난 수업 시간에 배운 빛의 성질에서 힌트를 얻었어요. 제가 야구를 무척 좋아하는데 사실 잘하지는 못하거든요. 아직 많이 모자라지만 나만의 기술, 나만의 색깔을 가진 야구 선수가 되고 싶어서 이렇게 색칠을 해 봤어요. 파란색만 넓게 칠한 건, 저만의 색을 파란색이라고 생각했거든요. 왜냐하면 지금 제가 속한 야구팀 이름이 '블루베어'라서요. 헤헷, 아무튼 김이삭 선생님, 재미있는 수업 해 주셔서 감사합니다."

 조금 쑥스러웠지만 나의 진짜 마음을 담은 발표여서 창피하지는 않았다. 자리에 앉는데 뒤에서 유난히 큰 박수 소리가 들렸다. 뒤를 돌아보지는 않았지만 엄마의 박수 소리가 분명했다.

나의 첫 2루타

마지막 수업에서 한 발표 덕분인지 요즘 엄마의 볼멘소리가 많이 줄었다. 전에는 야구 유니폼을 빨 때마다 "왜 이렇게 지저분해? 어휴, 때도 잘 안 빠져!" 하면서 짜증을 냈었다.

그런데 요즘에는 더러워진 유니폼을 보면 "오늘은 수비가 잘 됐나 봐? 슬라이딩도 많이 했어?" 하고 제법 알은체를 한다.

뉴턴 덕에 엄마의 격려를 받으며 야구를 할 수 있게 되다니! 사실 엄마 입장에서는 손해일 거다. 야구 연습 덜 하게 만들려고 권한 수업이었는데, 나의 진심을 보고 응원을 하게 되었으니 말이다.

헤헤, 오늘은 내 야구 인생에 있어 역사적인 날이다. 처음으로 2루타를 쳤기 때문이다. 그리고 놀랍게도 동점 타점까지 냈다. 이것도 처음이다.

6회 말, 마지막 이닝이었다. 3 대 2로 우리 팀이 지고 있었다. 원아웃에 주자는 1루와 3루를 채우고 있었다. 상대 팀 투수는 리틀 야구계에서 강속구를 던진다고 소문이 난 손민석 선수였다. 이런 중요한 순간에 하필 내 순서라니! 내가 병살타라도 치게 되면 경기는 그대로 지고 마는 것이다. 나는 도망이라도 치고 싶었다.

상대 팀은 벌써 승리를 확정한 듯 더그아웃에서 환호를 지르며 뛰쳐나올 준비를 하고 있었다. 우리 팀도 별다른 기대를 하지 않는 것 같았다.

감독님이 엉덩이를 한 번 토닥여 주었다. 그리고 말했다.

"훈동아, 어깨 힘 빼고 편하게 쳐."

나는 커서 덜거덕거리는 모자를 다시 고쳐 썼다. 그리고 타석에 서서 흙을 고르고 발을 단단히 디뎠다.

쉭! 첫 번째 공이 날아왔다. 스트라이크! 어찌나 빠른지 소리마저 공포스러웠다.

쉭! 두 번째 공이 날아왔다. 스트라이크! 이번에도 눈 깜짝할 새 날아왔다. 방망이를 휘둘러 보지도 못했다.

세 번째 공과 네 번째 공은 볼이었다. 나는 다시 마음을 가다듬었다. 후, 숨을 깊게 내쉬고 어깨를 흔들어 힘을 뺐다. 흙을 다져 발을 다시 고정시키고 다리에 힘을 단단히 준 후, 어깨 위로 방망이를 들었다. 숨을 들이마신 다음 꾹 참았다. 공이 날아왔다. 쉭! 나는 공에서 눈을 떼지 않았다. 지금쯤인가 하는 생각이 들자 방망이를 휘둘렀다. 땅! 공과 방망이는 작용과 반작용의 힘을 발휘했다. 방망이에 맞은 공은 저 멀리 날아갔다. 나는 방망이를 내동댕이치고 부리나케 뛰었다.

내 앞으로 3루에 있던 주자가 다리에 모터라도 달린 듯 잽싸게 뛰어 홈을 밟았다. 1루에 있던 주자는 3루에 가 닿고, 나는 2루로 내달렸다. 외야 수비수가 2루를 향해 공을 던지는 게 보였다. 나는 공이 2루수 글러브에 들어가기 전 손을 쭉 뻗고 엎드려 슬라이딩을 했다. 세이프!

동점이다. 내가 2루타를 쳤다. 내가 동점을 만들어 냈다. 나 다음 타자도 안타를 쳐서 결국 우리 팀이 승리를 가져갔다. 그 어느 때보다 값지고 흥분되는 승리였다.

엄마가 폴짝폴짝 뛰면서 박수를 치는 게 보였다.

오늘 처음으로 결정적인 타점을 만들었지만 나는 여전히 야구를 아주 잘하는 선수는 아니다. 사인펜과 야구공을 책상에 올려 두었다. 뉴턴 수업 마지막 날 발표 때 보여 준 야구공이다. 넓게 칠한 파란색 부분을 다시 여러 부분으로 나누어 색색으로 칠했다.

과학의 '과' 자도 싫었던 내가 뉴턴을 공부하고서 뉴턴의 위인전을 찾아 읽었다. 어쩌면 세상에는 내가 모르는 재미난 일이 수두룩할지도 모른다. 야구 때문에 재미난 일들을 놓치고 있는 게 아닐까 하는 걱정도 살짝 들었다.

그렇다고 야구를 그만둔다는 말은 절대 아니다. 여전히 내게는 야구가 일 순위다.

하지만 나의 색을 파랑이라고 못 박기에는 아직 이른 것 같다. 내가 표현할 수 있는 색깔을 더 찾아본 다음에 정하기로 했다는 말씀!

 ## 뉴턴의 마지막 생애

고향을 떠나온 뒤 뉴턴은 줄곧 케임브리지 대학에서 학생으로, 교수로 자리하며 연구를 해 나갔어요.

그러다 뉴턴은 뒤늦게 연금술 연구에 빠졌어요. 연금술은 철이나 동 같은 값싼 금속으로 금을 만들 수 있다는 마법 같은 기술이었지요. 이 허무맹랑한 연구에 뉴턴은 몇 년을 몰두했어요. 뉴턴이 연금술에 빠진 건 금을 욕심내서가 아니었어요. 연금술이 실제로 가능한지 과학적으로 증명해 보이고 싶었던 것이지요.

뉴턴은 1699년에 영국의 화폐를 관리하는 조폐국 국장이 되었어요. 그 당시 영국의 화폐는 금이나 은으로 만든 동전이었어요. 그러자 동전의 가장자리를 깎아 내어 잇속을 챙기려는 사람들이 생겨났지요.

조폐국 국장이 된 뉴턴은 동전 테두리에 톱니 모양을 새겨 넣게 했어요. 톱니가 없는 돈은 사용할 수 없게 되자, 동전의 톱니를 깎아 내는 사람도 점차 줄었어요. 그래서 오늘날까지도 동전 가장자리에는 톱니 모양이 있답니다.

뉴턴은 왕립학회의 회장이 되었고, 그동안의 업적을 인정받아 영국 여왕으로부터 기사 작위도 받았어요. 그리고 85세에 세상을 떠났답니다.

똑똑 공부
여러 가지 힘

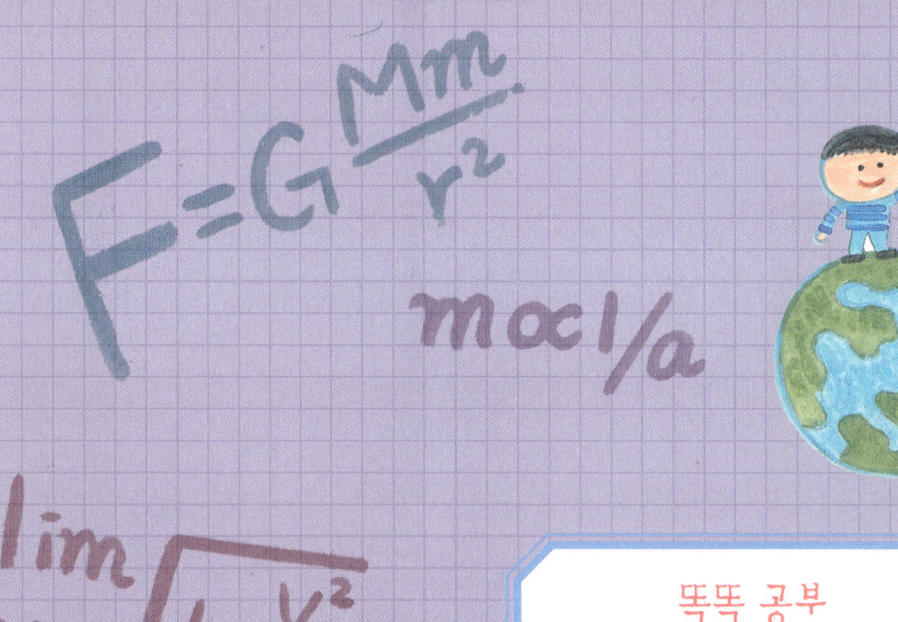

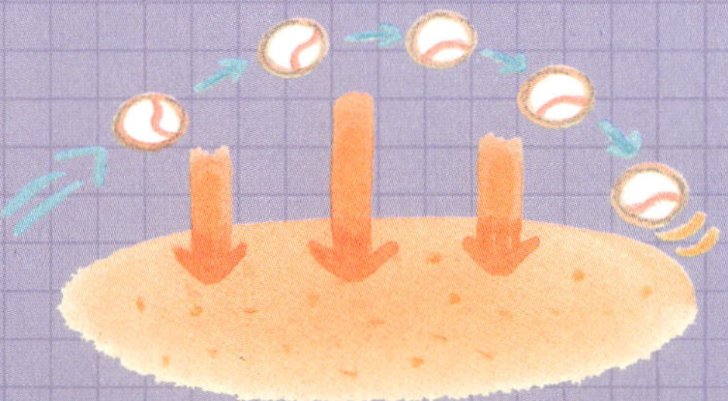

힘과 운동

힘이란 무엇일까요? 주먹을 불끈 쥐어 보세요. 힘이 느껴지나요? 발로 공을 힘껏 차 보세요. 공이 뻥 하고 멀리 날아가지요?

우리는 누구나 힘을 가지고 있어요. 그래서 물체를 움직이게 하거나 모양을 변하게 할 수 있지요.

과학에서 말하는 힘은 사람의 근육을 통해서 나오는 힘만을 말하는 게 아니에요. 물체가 움직이거나 모양이 변하는 것은 모두 힘 때문이에요. 가만히 있던 나뭇잎이 날아가는 것도, 구르던 공이 멈추는 것도, 물이 흐르는 것도 힘이 작용했기 때문이지요.

이렇게 어떤 힘에 의해 물체가 움직이거나 상태를 바꾸는 일을 '운동'이라고 해요. 그래서 힘과 운동은 늘 짝꿍처럼 붙어 다니지요. 힘이 있는 곳에서는 물체의 운동이 일어나고, 물체가 운동을 했다면 그건 어떤 힘이 작용했다는 뜻이에요.

우리 주변 곳곳에 숨은 다양한 힘에는 무엇이 있을까요?

마찰력

마찰력은 두 물체가 접촉하는 면에서 물체의 운동을 반대로 방해하는 힘이에요. 마찰력은 항상 물체의 운동 방향과 반대 방향으로 작용해요. 마찰력이 크면 물체가 운동하기 어렵고, 마찰력이 작으면 물체의 운동이 보다 쉽지요.

만약 마찰력이 없다면 한번 움직인 물체는 멈추지 않고 계속 움직일 거예요. 하지만 마찰력은 어디에나 있기 때문에 그럴 일은 생기지 않아요. 공을 아무리 굴려도 결국 마찰력 때문에 멈추지요.

마찰력은 표면의 상태에 따라 달라져요. 표면이 거칠수록 마찰력이 크고, 표면이 매끄러울수록 마찰력이 작아요. 모래밭과 얼음판 중 표면이 매끄러운 얼음판은 마찰력이 작기 때문에 훨씬 잘 미끄러져요.

코팅 장갑 손바닥 부분에 돌기를 주어 마찰력을 높여요. 물건을 잡을 때 쉽게 미끄러지지 않게 도와주지요.

미끄럼 방지 도로 도로 표면을 거칠게 만들어서 마찰력을 높여요. 자동차의 속도를 줄일 수 있어요.

스케이트 얼음판에 맞닿는 면을 매끄럽게 해서 마찰력을 최대한 줄여요. 쉽게 미끄러지도록 하지요.

성냥 표면을 거칠게 해서 마찰력을 높여요. 마찰력이 높아야 불이 잘 붙어요.

미끄럼틀 표면이 매끄럽고 기울기를 비스듬하게 해 마찰력을 줄여요. 쉽게 미끄러지면서 재미를 느끼게 해요.

자동차 베어링 매끄러운 쇠구슬을 이용해 마찰력을 최대한 줄여요. 자동차가 힘을 덜 들이며 움직이도록 해요.

탄성력

고무줄을 죽 늘였다 놓아 보세요. 금세 원래대로 줄어들지요? 고무줄이나 용수철처럼 원래의 모습으로 되돌아가려고 하는 성질을 '탄성'이라고 해요. 탄성을 가진 물체가 원래의 모습으로 되돌아가려고 할 때 나타나는 힘을 '탄성력'이라고 하지요.

용수철저울 용수철저울에 물체를 달면, 용수철이 늘어나요. 용수철이 늘어난 길이에 따라 물체의 무게를 알 수 있어요.

트램펄린 탄성을 가진 재질을 이용해서 만든 놀이 기구예요. 발로 세게 누르면 밑으로 늘어졌던 천이 재빨리 원래 상태로 되돌아오면서 몸이 붕 떠올라요.

손 완력기 용수철이 가진 탄성을 이용해서 손아귀의 힘을 키우는 운동 기구예요.

탄성을 이용한 스포츠

장대높이뛰기 장대의 탄성을 이용해서 높이 뛸 수 있어요.

양궁 활에 달린 줄의 탄성으로 화살이 앞으로 날아가요.

축구 공이 가진 탄성을 이용해요. 축구뿐 아니라 공으로 하는 대부분의 스포츠 종목은 공의 탄성을 이용하지요.

부력

'부력'이란 물속에 어떤 물체가 있을 때 위로 뜨는 힘을 말해요. 물속에 잠긴 모든 물체는 부력을 받아요. 부력은 물에 잠긴 물체의 부피가 클수록 커져요.

고대 그리스의 과학자 아르키메데스(B.C.287?~B.C.212)가 바로 부력을 발견한 사람이에요. 아르키메데스가 살던 그리스의 왕이 한 장인에게 순금으로 왕관을 만들도록 했어요. 장인이 완성된 왕관을 가져오자 왕은 왕관에 은이 섞여 있는지 의심을 했어요. 그래서 아르키메데스에게 왕관이 순금인지 아닌지 밝히라고 했지요. 아르키메데스는 장인에게 준 순금의 무게와 장인이 만든 왕관의 무게가 똑같아 어떻게 밝혀야 할지 몰라 고민이었어요.

그러던 어느 날 아르키메데스가 목욕을 하러 욕조에 들어갔어요. 그런데 물이 가득 찬 욕조에 몸을 넣자 물이 넘쳐 흐르는 것을 보고는 "유레카!" 하며 소리를 쳤지요.

아르키메데스는 왕관과 같은 무게의 순금 덩어리를 준비했어요. 그리고 그릇에 물을 가득 채운 다음, 왕관을 넣고 흘러넘친 물의 양을 쟀어요. 그다음에는 같은 그릇에 물을 가득 채워 순금 덩어리를 넣고 흘러넘친 물의 양을 쟀지요. 그런데 왕관에서 흘러넘쳐 물의 양이 더 많았어요. 금은 비중이 큰 물질이기 때문에 다른 물질을 섞어서 같은 무게로 만들면 부피가 더 커질 수밖에 없다는 것을 알아낸 것이지요.

전기력

전기력은 전기를 가진 물체 사이에 발생하는 힘이에요. 전기력에는 (+)전기와 (−)전기가 있는데, 같은 종류의 전기끼리는 서로 밀어내고, 다른 종류의 전기끼리는 서로 당기는 힘이 있어요. 전기력은 우리의 일상생활을 편리하게 하는 데 많이 이용되고 있어요. 우리가 사용하는 많은 전자 기구가 전기력을 이용한 기계랍니다.

라디오   믹서   다리미

전자레인지   스탠드   텔레비전

진공청소기   세탁기   냉장고

자기력

자기력은 쉽게 말해 자석의 힘이에요. 자석과 쇠붙이 또는 자석과 자석 사이에 발생하는 힘으로, 서로 밀어내거나 또는 서로 끌어당기지요. 자기력은 S극과 N극이 있어서, 같은 종류의 극끼리는 서로 밀어내고 다른 종류의 극끼리는 서로 끌어당겨요. 전기력과 자기력은 자연에 있는 기본 힘이에요.

자기 부상 열차 자기 부상 열차는 자기력의 성질을 이용해서 만든 열차예요. 같은 극끼리는 서로 밀어내는 성질을 이용해 열차를 철길 위에 띄워 움직이게 하지요. 바퀴 없이 철길 위에 떠서 움직이기 때문에 흔들림과 소음이 적어요.

마그네틱 바 통장 뒷면에 있는 검은 띠를 '마그네틱 바'라고 해요. 마그네틱 바에는 자석 가루가 발라져 있어요. 여기에 여러 가지 정보를 저장할 수 있지요. 그래서 이 마그네틱 바에 자석을 가까이 두면 저장된 정보를 잃을 수도 있답니다.

나침반 지구를 커다란 자석으로 볼 수 있는데, 북쪽은 S극, 남쪽은 N극을 띠고 있어요. 나침반은 이것과 반대로 북쪽은 N극, 남쪽은 S극으로 향하게 되어 있어요.

감수자의 말

　물리학은 고대 그리스에서 인간과 자연을 이해하기 위한 자연철학으로부터 시작되었습니다. 제논의 역설이나 아리스토텔레스의 운동학 등은 진실을 찾고자 하는 고대 그리스 철학자들의 노력의 결과물입니다. 오늘날 우리가 이해하는 물체의 운동 이론은 갈릴레이 갈릴레오의 자연 이해로부터 시작되었고, 뉴턴의 운동 이론으로 계승되었습니다.

　뉴턴의 운동 이론은 관성, 힘과 가속도, 작용과 반작용이라는 세 가지 법칙에 기반하고 있습니다. 뉴턴은 이러한 운동 법칙으로부터 질량을 가진 물체 사이에 작용하는 힘인 중력을 발견하였고, 이러한 힘을 '만유인력'이라고 이름 붙였습니다. '만유인력'이라는 명칭은 자연에 존재하는 힘에 대한 지식이 없는 그 당시 상황에서 질량을 가진 물체 사이에 힘이 작용하기 때문에 모든 물체가 가지는 힘이라는 의미로 '만유인력'이라는 표현을 사용한 것입니다.

　물리학은 많은 학생들이 관심을 가지고 있는 분야이지만, 물체의 운동을 분석하는 뉴턴의 운동학에 대해 배우기 시작하면 학생들은 많은 어려움을 느끼게 됩니다. 운동 법칙의 추상성으로 인해 실생활의 사례들에서 법칙의 미묘한 차이를 알아차리는 것은 충분히 연습한 사람만이 알 수 있는 일이기 때문입니다. 이러한 문제점을 해결하는 방법은 바로 학생들에게 친숙한 일상의 사례를 이용하여 운동 법칙을 설명하는 것입니다.

이 책 《아이작 뉴턴, 운동의 법칙을 밝히다》는 단순히 물리의 개념을 기술하고 몇 가지 사례를 제시하는 것이 아니라, '훈동이'라는 우리 주변에서 친근하게 만날 수 있는 아이의 일상을 통해, 아이들이 쉽게 접할 수 있는 사례들에서 물리의 개념들을 뽑아 설명하고 있습니다. 자신과 동일시할 수 있는 주인공의 일상에서 찾아낸 소재는 아이들이 어렵게 여기는 물리 개념에 조금 더 친숙하고 쉽게 다가가는 데 큰 도움을 줍니다.

이 책은 초등학생들을 대상으로 한 책으로, 물리학을 처음 접하는 학생뿐 아니라, 물리학에 관심을 가지고 있지만 쉽게 접근하지 못했던 학생들에게 물리 개념을 쉽게 익힐 수 있도록 도움을 줄 것이라 생각합니다. 뿐만 아니라, 아이들의 눈높이에 맞추어 물리학의 개념을 소개하고 싶은 학부모님께 이 책을 추천합니다.

서울과학고등학교 물리 교사 고준태

아이작 뉴턴, 운동의 법칙을 밝히다 북토큰 선정, 아침독서신문 선정

펴낸날 초판 1쇄 2020년 4월 20일 | 초판 3쇄 2025년 8월 8일
글쓴이 박주미 | **그린이** 이은주 | **감수** 고준태
책임편집 송진아 | **디자인** 손미선 | **홍보마케팅** 이귀애 이민정 | **관리** 최지은 강민정
펴낸이 최진 | **펴낸곳** 천개의바람 | **등록** 제406-2011-000013호 | **주소** 서울시 영등포구 양평로 157, 1406호
전화 02-6953-5243(영업), 070-4837-0995(편집) | **팩스** 031-622-9413 | **사진** 연합포토, Shutterstock
ⓒ 박주미·이은주, 2020 | ISBN 979-11-6573-038-3 73420

· 이 책은 저작권법에 따라 보호받는 저작물이므로 무단 전재와 무단 복제를 금지하며,
  이 책 내용의 전부 또는 일부를 이용하려면 반드시 저작권자와 천개의바람의 서면 동의를 받아야 합니다.
· 이 도서의 국립중앙도서관 출판시도서목록(CIP)은 서지정보유통지원시스템 홈페이지(http://seoji.nl.go.kr)와
  국가자료공동목록시스템(http://www.nl.go.kr/kolisnet)에서 이용하실 수 있습니다.(CIP 제어번호 : CIP2020012106)

＊잘못 만든 책은 구입하신 서점에서 바꾸어 드립니다. 천개의바람은 환경을 위해 콩기름 잉크를 사용합니다.
＊종이에 베이거나 긁히지 않도록 조심하세요. 책 모서리가 날카로우니 던지거나 떨어뜨리지 마세요.

제조자 천개의바람 **제조국** 대한민국 **사용연령** 10세 이상